新雅‧成長館

我可以親你嗎？
學習保護自己與尊重別人

作者：瑞秋‧布萊恩 （Rachel Brian）
繪圖：瑞秋‧布萊恩 （Rachel Brian）
翻譯：潘心慧
責任編輯：林沛暘
美術設計：陳雅琳
出版：新雅文化事業有限公司
香港英皇道 499 號北角工業大廈 18 樓
電話：(852) 2138 7998
傳真：(852) 2597 4003
網址：http://www.sunya.com.hk
電郵：marketing@sunya.com.hk
發行：香港聯合書刊物流有限公司
香港新界大埔汀麗路 36 號中華商務印刷大廈 3 字樓
電話：(852) 2150 2100
傳真：(852) 2407 3062
電郵：info@suplogistics.com.hk
印刷：中華商務彩色印刷有限公司
香港新界大埔汀麗路 36 號
版次：二〇二〇年九月初版
版權所有‧不准翻印

歡迎！

這本書是給你的！

太好了！我最喜歡收禮物！

送給你！

順帶一提，這裏每一個都是你！

當然，他們沒有一個跟你長得一模一樣（雖然大家都有眼耳口鼻！），但我們姑且把他們當作是你。

這本書能夠：

幫助你做正確的選擇

沒錯！

幫助你建立深厚的友誼

提供求助的方式

這本書不能夠：

唱好笑的歌給你聽

♫襪子真美妙！♫

3

這本書裏面有：

故事！　笑料！

好主意！　小漫畫！

你將會發現：

什麼是允許？

劇透：允許就是同意。

設立界線的方式

砰！砰！砰！

等等……不是這樣！

怎樣幫助朋友

做得好！

謝謝！

你可以改變主意嗎？

不。等等，好！

別人可以傷害你嗎？

不可以！

怎樣才是健康的友誼？

互敬　互愛

還有更多！

快！第一章就在前面！

4

嘩，謝謝！

允許

這就像你是一個國家的君王。

這國家的居民：**你**。

我特此宣布：
今天不想跟任何人有親密接觸。

作為你身體的君王，
這表示：

你的身體是你的。

作為君王，
你可以設立自己的
界線。

太好了！

咦⋯⋯等等，
什麼是界線？

界線

就是範圍的界定。

界線好比畫一條線，劃分出兩個區域：
一個令你感到自在……

對於不同的人，你可以有不同的界線。

有時候，界線是可以**改變的**。

打招呼的方式
有很多種：

擊掌！

擁抱！

點頭！

我比較喜歡這樣！

揮手！

要抱抱的話，
我會選阿寶。

抱抱貓咪！

講得好！但我可以大聲說出來嗎？

身體自主權

就是對於你的身體，你有選擇的權利。

這樣的話，當花嬸嬸說：

快來我這裏！我要捏捏和親親你那可愛的臉蛋！

該怎麼辦？

你仍然可以自己做決定。

（只要禮貌地說出來便可！）

當然，有時候……

為了確保自己或別人的安全，有些事是我們必須做的，不由我們決定。

例如在繁忙的停車場牽着大人的手。

或生病時吃藥才會康復。

聽話，這件事沒得選。

← 可信任的成年人

或等到綠燈亮了才能過馬路。

止步

不過，你還是有權
表達自己的感受……

第 **2** 章 相信你的直覺！

直覺會幫助你察覺自己的感受：

如果直覺告訴你，某人對你的關注讓你

感到有點討厭

或非常討厭……

你絕對可以對他們說「不」。

如果有人不尊重你的界線，或強迫你改變主意，你必須把此事告訴：

不過，並非每個人都能幫你，應選擇友善而又有能力幫你的人。

第 **3** 章 徵求和給予 允許

每個人的界線不一樣，
所以你必須問清楚對方是否允許。

允許就是同意某件事情。

特別是關乎
我們身體的事。

舉個例子，你想扶老人過馬路。

你必須得到對方的允許。

捏人又怎樣呢？

允許有兩方面：

1. 練習說出你的感覺。

提示：表達要**清楚**和**直接**。

（做多了就會變得容易！）

2. 練習聆聽別人。

因為有些事你覺得沒什麼……

其他人可能覺得很嚴重。

你怎麼知道對方是否允許？

有沒有立即就能分辨的妙法？

好消息！有的。

問他們囉！

（然後聽答案。）

有時答案**非常**清楚。

但有時 **沒有** 那麼直接。

說「好」卻
一臉害怕

呆住

聳聳肩

轉移話題

他們有清楚地表示
允許 嗎？

沒有。

若一方以
強硬的手段
來得到另一方的允許……

這

不算是

允許。

你能從一個人的衣着
得到允許嗎？

不能。

不允許

不要看見別人穿什麼，
就以為自己知道原因。

人們穿衣服的方式
有各自的理由。

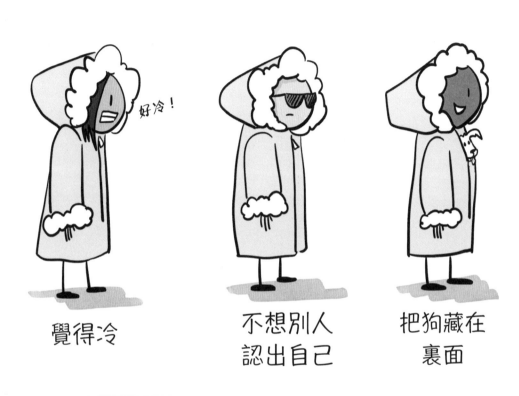

好冷！

覺得冷　　　不想別人　　　把狗藏在
　　　　　　認出自己　　　　裏面

所以我們不能以衣着去判斷
是否允許。

是呀，
很明顯！

應先去聆聽和獲得
別人明確的允許，

尤其是涉及
對方的身體。

如果你不肯定，那就代表
「不」。

兒童快訊！

有些人可能會無意中越過你的界線⋯⋯

那就必須說出來，讓別人知道你的界線是什麼。

搔 癢

完

第 **4** 章　謝謝，但不必了

你是可以改變主意的！

如果你覺得自己畫的界線不太妥當

不用怕！

改變主意是可以的！

想像你和一個可愛的
外星人初次見面 →

為了慶祝星際的和平及友誼，
阿怪想給你一個擁抱。

但實際情況不是你當初所想的：

你大 可以 改變主意。

你本來想擁抱他。

但現在你不想。

就是那麼簡單。

可能有些事你**試過**後才發現
自己不喜歡。

你**仍然**可以改變主意。
（即使你之前說過無數次「好」！）

兒童快訊！

有時別人會因你改變主意而不高興。

他們可能會失望、不開心，
甚至是生氣。
但事情仍該由你來決定。

獾

關於設立關係界線的小漫畫！

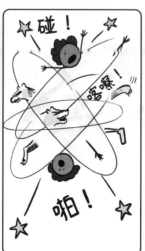

這隻獾給你！

之前那隻獾把我搞得很慘。

就算牠很可愛，大家也說養獾很酷，但其實牠會攻擊我，是很危險的。

這就是為什麼我豎立這個告示牌！

獾不得進入

現在我要找一隻安全、合法又喜歡跟我親熱的寵物。

汪！選我！

完

第5章 培養健康的關係

我們的生活中存在着
很多類型的關係。

怎樣才算是健康的關係？

其中一個方法就是問自己：

跟這人在一起時我有什麼 **感覺**？

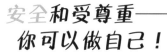

安全和受尊重——
你可以做自己！

就算我穿上傻氣的吊帶褲，你還是一樣喜歡我。

很好！

擔心惹怒對方。

慘了！如果我遲到，他們一定會罵我！

小心！

令你感到**自卑**。

我又笨又醜，事事不如人。

慘了！

開心，並對未來充滿期待。

我們去玩吧！

嘩哈！

所有 關係都會有困難的時刻。

但你可以透過**討論**
和**尊重**彼此的界線
來克服困難。

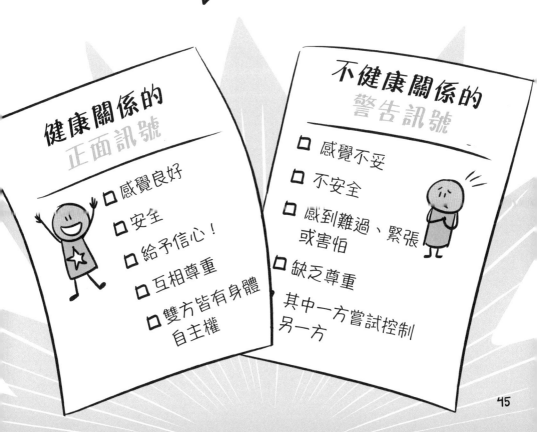

兒童快訊！

如果有人**賄賂**你

或**威脅**你，
要你去做某件事。

這種允許不算數。

那些友善對待你的人多數真的是……

好人！

所以通常如果有人努力去
贏取你的信任，

那是一件好事，
因為你有一個提攜和支持你的人。

但有些人建立信任是另有所圖，
而最終只會**摧毀**這份信任。

警告訊號：

這些事

不是

你的錯。

若有成年人做出侵犯小孩身體的行為，也一定是那個人的錯。

信任並不是一旦得到，就可以永遠擁有的。

如果你信任的人做出一些不應該的事情，你可以改變對他們的看法。

第6章 反省一下

每次別人不尊重我們的界線，
我們都記得一清二楚。*

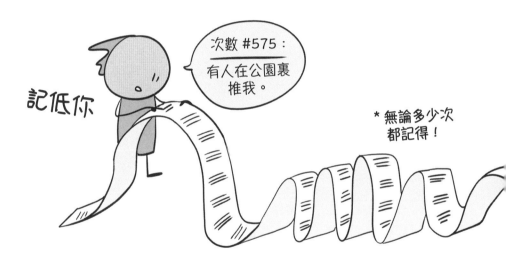

但現在是時候自我反省一下了！

你有多尊重
別人的界線呢？

我

我們很容易只看重**自己**的
需求而忘記聆聽他人。

53

即使你的朋友不在場，
你也必須尊重他們的界線。

兒童快訊！

若沒有得到允許，請不要把別人的照片  或  影片給其他人看。

(即使是他們傳給你的！)

為什麼？
因為它不屬於你，只有照片或影片中的人才能做決定。

你一旦傳出去，就無法控制它的去處……

還有，如果那是未滿 18 歲人士的裸照，就是犯法了。

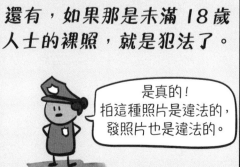

學習互相尊重，剛開始是不容易的。

尊重是需要練習的。

在你身邊越多人練習尊重，
大家做起來也就越自然。

第**7**章 挺身而出！

很好，

你已知道怎樣設立自己的界線和聆聽他人了。但如果你發現有人遇到麻煩，又該怎麼做呢？

不好了！

喂！停！

你

其他人

4 種幫助他人的方式

（如果情況不安全，請直接跳到第 4 種。）

你無法 **保護** 每一個人……

但你挺身而出是 **能夠** 帶來改變的。

支持你的朋友

我很在乎你。

幫助受到不公平對待的人

我可以怎樣幫你?

⭐ 最重要的是讓他們知道——

如果有人侵犯了他們的界線,這並不是他們的錯。

關於小孩子該擁有多少身體自主權，
每個家庭都有不同的看法。

快去抓牠做晚餐！

什麼？

15,000 年前

有的嘗試尊重
孩子的自主權：

你想穿哪一件呢？

這件！

有的覺得應該
由家長做決定：

就穿這件！

好吧。

5 分鐘後

哎……

如果家人**支持**你的選擇，那當然好：

但如果他們**不支持**：

你有幾個選擇：

如果此事不僅僅令你不高興，而是有人：

傷害你

不適當地觸碰你

威脅你

或令你感到很困惑，*請務必向其他人求助。*

（請看第 64 頁的資料。）

找適合你的隊友！

在我們的生活中，不是每一個人都
懂得徵求同意或互相尊重。

這就是為什麼建立深厚的友誼是
那麼重要。

那些在你身邊支持、聆聽和尊重
你的人，會幫助你健康地成長。

(你也會這樣對待他們！)

求助！

如果有人侵犯你的界線，令你感到害怕、受傷、困惑或不安全，你必須尋求幫助。

可信任的成年人

例如父母、老師或輔導員

緊急電話號碼：999

本地服務機構或熱線

例如防止虐待兒童會

線上支援

aca.org.hk

有些事情是怎樣也**不能允許**的。

所以要知道那

不是

你的錯。

要多跟那些能夠
支持和守護你的人
在一起呀！

你並不孤單！

我也一樣！

☆ 鳴謝 ☆

致我的編輯——Lisa Yoskowitz及Laura Horsley：你們那些充滿智慧又詳細的評語和建議對這本書大有幫助，而成果有目共睹。跟你們合作，我很愉快。

致Karina Granda：謝謝你出色的美術指導，你的意見為我解決了不少技術問題；並在此向Annie McDonnell、Laura Hambleton及Hachette的美術製作團隊致謝，感激你們努力令這本書變得更漂亮。

感謝我的版權代理——Bent Agency的Molly Ker Hawn伴我一起孕育出這本書，衷心感謝你給予的知識、指引和技巧。

特別鳴謝一眾專家讀者——Kristy Kosak、Sarah Potts、Kim Alaburda及Jess Burke，謝謝你們為這本書提供精簡卻深刻的見解。

致Sarah Brian：無論我需要靈感、合作伙伴，或是慰問，你都是最佳人選。

致Barbara及Doug Brian：謝謝你們在這段日子替我預備早餐。

致Laura Westberg：你明智的忠告讓我在動盪與喜樂之中也能找到安穩和理智。

致Julie Talbutt：你是我的精神支柱。

瑞秋・布萊恩 (Rachel Brian)

藍椅子工作室的創辦人、持有人和首席動畫師。她最有名的兩部短片 *Tea Consent* 和 *Consent for Kids*，已被翻譯成二十多種語言，全球點擊率超過 1.5 億。瑞秋本身是一名畫家，但她也曾擔任研究員和老師，在中學和大學任教數學、生物和生理學。她有三名子女和一隻又醜又可愛的狗——哈菲，現在居住在美國羅德島的普羅維登斯市。